CRÍAS DE ANIMALES
TIERRAS POLARES

© del texto: Tándem Seceda, 2023

(Chema Heras, Isabel Pelayo, Pilar Martínez y Xulio Gutiérrez)

© de las ilustraciones: Ester García, 2023

© de esta edición: Kalandraka Editora, 2023

Rúa de Pastor Díaz, n.º 1, 4.º B · 36001 Pontevedra
Tel.: 986 860 276
editora@kalandraka.com
www.kalandraka.com

Faktoría K de libros es un sello editorial de Kalandraka

Impreso en Rainho & Neves, Portugal
Primera edición: mayo, 2023
ISBN: 978·84·19213·31·0
DL: PO 200·2023
Reservados todos los derechos

TÁNDEM SECEDA   ESTER GARCÍA

CRÍAS DE ANIMALES
TIERRAS POLARES

¿Quién soy?

FAKTORÍA K DE LIBROS

Nací tan pequeño como un hámster,
en una osera que mi madre excavó en el hielo.
De mayor, voy a ser el animal
más grande y forzudo del Polo Norte.

Soy el oso polar.

Nadamos muy bien,

pero siempre cazamos fuera del agua.

Andamos despacio y olemos a nuestras presas desde muy lejos.

Cuando atacamos,

corremos como un caballo de carreras.

¿Sabes por qué no nos hundimos en la nieve?

[Porque tenemos las manos y los pies tan anchos como raquetas]

Soy gordita, bigotuda

y nací sobre un témpano de hielo.

Aunque el mar está muy frío,

mi madre me da de mamar dentro del agua.

Soy la morsa.

Tenemos unos colmillos que usamos para defendernos,

para subirnos a los bloques de hielo, para rascarnos

y para desenterrar moluscos del fondo del mar.

¡Nos encantan las almejas!

Podemos comer varios miles de una sola vez.

¿Sabes de qué color tenemos la piel?

[Rosada, pero se pone gris cuando nos metemos en el agua fría]

Nací de un huevo que incubaron mis padres por turnos:

mientras uno se quedaba, el otro iba a pescar.

Tuvieron mucho cuidado de que el huevo no tocase el hielo,

porque podría congelarme dentro.

Soy el pingüino emperador.

Vivimos en la Antártida.

En invierno, nos agrupamos con otros pingüinos

y permanecemos todos muy juntos

para protegernos del viento y del frío.

Comemos mucho pescado y hacemos caca allí mismo.

Por eso huele fatal.

Somos aves, pero no volamos. ¿Sabes por qué?

[Porque tenemos aletas en vez de alas. Dentro del agua somos veloces como torpedos]

Nací en la tundra, cuando la nieve se derrite
y brotan las primeras hierbas.
Nada más nacer, me puse en pie
y comencé a caminar detrás de mi mamá.

¿Quién soy?

Soy el reno.

Recorremos muchos kilómetros en busca de alimento.

En invierno, cuando la tundra se hiela,

emigramos a los bosques del sur.

Allí comemos cortezas de árboles

y algunas hierbas que encontramos entre la nieve.

¿Sabes qué nos pasa al principio del invierno?

[Se nos caen las astas. Después nos vuelven a salir, cada año más grandes]

De pequeña, soy blanca como la nieve,

y así los depredadores no me ven.

Cuando llamo a mi mamá,

mi voz suena como el llanto de un bebé humano.

Soy la foca de Groenlandia.

Siempre estamos alerta.

Si aparece un oso, nos tiramos al agua

y si vemos un tiburón o una orca,

nos subimos a un bloque de hielo

para ponernos a salvo.

¿Sabes para qué nos sirve tener los ojos tan grandes?

[Para ver muy bien dentro y fuera del agua]

Vivo con mi madre y mis hermanos
en un nido sobre el suelo de la tundra.
Como los polluelos tenemos las plumas grisáceas,
nos camuflamos muy bien entre la vegetación.

¿Quién soy?

Soy el búho nival.

Para cazar, esperamos posados en una rama
hasta que aparece una presa.
Luego nos lanzamos sobre ella, la atrapamos con las garras
y nos la tragamos entera, sin masticar.
Después vomitamos bolitas de pelo y huesos.

¿Sabes de qué color son mis padres?

[Mi padre es muy blanco y mi madre tiene manchas marrones]

Vivo dentro de una madriguera,

con mis padres y mis hermanos.

Tengo una cola larga y muy gruesa

que me echo por encima como manta para dormir.

Soy el zorro ártico.

En verano cazamos, sobre todo, lemmings,

aunque también comemos huevos, pájaros y crías de foca.

En invierno, cuando todo se cubre de nieve y hay poco alimento,

solemos ir detrás de los osos polares

para aprovechar los restos de comida que dejan.

Nuestro pelaje cambia mucho, ¿sabes cómo es en invierno?

[Blanco y muy largo, para camuflarnos en la nieve y protegernos del frío]

Los siete animales que has descubierto en este libro
viven en las tierras cercanas al Polo Norte,
excepto el pingüino emperador, que vive en la Antártida.

Estos territorios, áridos y con temperaturas muy bajas,
imponen unas condiciones de vida muy duras
a los animales que viven en ellos.
Todos se protegen del frío con una capa de grasa bajo la piel
o con gruesos abrigos de pelo o de plumas.
Animales como el pingüino emperador, la foca de Groenlandia
o el reno, también llamado caribú, luchan cada día por sobrevivir.

Mujeres, hombres, niños, niñas…, cada uno de nosotros,
podemos aportar nuestro granito de arena en la protección de estos animales
tan amenazados, sobre todo, por la crisis climática.